AF494449

1905 (Mars 28)

M. FÉLIX GERARD père

TABLEAUX

MODERNES & ANCIENS

28/3 1905

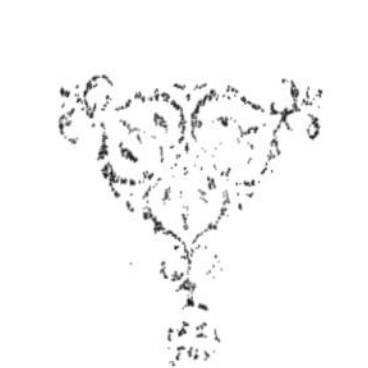

SUCCESSION

DE

M. FÉLIX GERARD Père

TABLEAUX

MODERNES ET ANCIENS

CONDITIONS DE LA VENTE

Elle sera faite au comptant.

Les acquéreurs paieront *dix pour cent* en sus des prix d'adjudication.

Paris. — Imp. Georges Petit, 12, rue Godot-de-Mauroi. — 6183-05.

CATALOGUE

DE

Tableaux Modernes

PAR

BONNAT, BOUDIN, BOULARD, CHAPLIN, CHARLEMONT, CHARLET, CHINTREUIL
COROT, COURBET, COUTURE, DAUBIGNY, DIAZ, G. DORÉ, J. DUPRÉ
GARRIDO, GUILLAUMIN, HERVIER, CH. JACQUE, KNYFF, LA ROCHENOIRE, LUMINAIS
MANET, MONGINOT, MONTICELLI, DE NITTIS, PALIZZI, PELEZ, DE PENNE
PICARD, RIBOT, ROBERT FLEURY, PH. ROUSSEAU, ROYBET
ALF. STEVENS, J. STEVENS, TASSAERT, TROUILLEBERT, VOLLON, WILDER
WILLEMS, ZIEM, ETC.

GRAVURES — SCULPTURE

TABLEAUX ANCIENS

Important portrait par HOLBEIN

ET ŒUVRES DE

BOTH, DE MARNE, HÉDA, A. MIGNON, OMMEGANCK, SNYDERS
TAUNAY, VALLIN, WYNANTS, ETC.

DONT LA VENTE

Par suite du décès de M. FÉLIX GERARD père

AURA LIEU A PARIS

HOTEL DROUOT, Salle N° 1

Les Mardi 28 et Mercredi 29 Mars 1905

à 2 heures

COMMISSAIRES-PRISEURS

Me P. CHEVALLIER
10, rue Grange-Batelière, 10

Me HENRI MAUGER
16, rue de Berlin, 16

EXPERTS

Pour les Tableaux modernes
M. GEORGES PETIT
8, rue de Sèze, 8

Pour les Tableaux anciens :
M. JULES FÉRAL
7, rue Saint-Georges, 7

EXPOSITIONS, SALLES 1 ET 2

PARTICULIÈRE : Le Dimanche 26 Mars 1905, de 1 h. 1/2 à 5 h. 1/2

PUBLIQUE : Le Lundi 27 Mars 1905, de 1 h. 1/2 à 5 h. 1/2

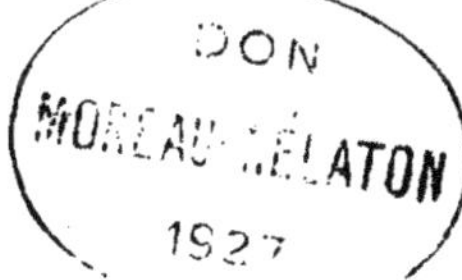

PRÉFACE

Félix Gerard est mort à soixante-dix ans, après avoir été de longues années marchand de tableaux. Il laisse donc derrière lui, pour être dispersée aux enchères, cette variété d'œuvres qu'au cours d'une existence prolongée un marchand n'a pu manquer d'amasser, et qui a formé son fonds de commerce. Jusque-là, son cas n'aurait rien de particulier et ne mériterait d'être signalé par aucune remarque particulière.

Mais Gerard a eu, comme marchand, des tendances et des goûts que n'ont point eu tous les autres. Il a été un précurseur ; il a été un de ceux qui, les tout premiers, se sont portés vers des peintres débutant dans des conditions difficiles. Et les préférences anciennes qu'il a montrées pour des peintres d'abord combattus se retrouvent dans l'assemblage des œuvres qui vont passer en vente. On y voit, comme fond principal : Courbet, Alfred Stevens, Manet et Lépine.

Gerard s'est longtemps attaché aux œuvres de

Courbet, et nombreux ont été les tableaux importants du maître qui, par son intermédiaire, ont été prendre place dans les collections. Il est demeuré, jusqu'à ses derniers jours, en relations suivies avec Mlle Courbet, la sœur du peintre, devenue par héritage possesseur d'une importante réunion des tableaux de son frère.

Je dois surtout évoquer ici le souvenir de Manet. Gerard a été des tout premiers marchands qui se sont efforcés de vendre de ses œuvres. C'était alors une tâche ingrate et un labeur condamné comme à l'insuccès. Il y a de cela quelque trente ans. Je me rappelle Gerard, établi à un premier étage de la rue Richelieu, me demandant de l'aider à trouver des acheteurs d'une certaine nature morte de Manet, dont un poisson formait la partie principale, et d'une grande course de chevaux. Ce sont des tableaux que tout le monde admire maintenant, qui font la gloire des collections où ils sont entrés et qui, si on les mettait en vente, atteindraient la centaine de mille francs. Mais, alors, il s'agissait d'en obtenir mille ou douze cents francs, et l'acheteur à ces prix ne se trouvait pas. Pour me consoler de l'insuccès, je me rappelle m'être emporté contre l'aveuglement du public, dans des imprécations qui pouvaient bien être fondées, mais qui n'avançaient en rien les affaires de Manet et du marchand qui le soutenait.

Depuis l'époque dont j'évoque le souvenir, des changements de toute sorte se sont produits. Un des plus profonds a été la transformation qui s'est opérée dans les allures et la manière de se tenir des artistes et des personnes se rattachant à eux. Ce qu'au milieu du siècle dernier on pouvait appeler le genre artiste a disparu. Les artistes sont devenus semblables à tous les autres; ils se vêtent et se comportent dans la rue comme les bourgeois. On ne voit plus ces hommes en qui, autrefois, on reconnaissait les artistes ou leurs tenants, ayant dans toutes leur manière d'être la préoccupation de montrer qu'ils différaient du commun.

Félix Gerard avait conservé, un des derniers, la marque du genre artiste. Il s'en allait avec ses moustaches, ses cheveux longs, ses vêtements flottants et son chapeau campé fièrement, comme s'il eût voulu faire savoir qu'il n'était point simplement un bourgeois, mais qu'il se rattachait aux artistes du vieux temps et en partageait les habitudes et les goûts.

THÉODORE DURET

PEINTURES

BONNAT

1 — *Hercule et Antée.*

Esquisse.

Signé à droite, en bas : *A mon ami Rivey, Bonnat.*

Toile. Haut., 72 cent; larg., 54 cent.

BOUDIN

2 — *L'Entrée du port.*

Signé à droite, en bas : *E. Boudin.*

Panneau. Haut., 19 cent.; larg., 24 cent.

BOULARD

3 — *Pêcheurs et pêcheuses auprès d'un sloop de pêche (marée basse).*

Signé à gauche.

Toile. Haut., 16 cent.; larg., 24 cent.

BOULARD

4 — *Le Petit marchand d'œufs.*

Signé à gauche, en bas : *Boulard.*

Panneau. Haut., 13 cent.; larg., 10 cent. 1/2.

Vente Guilloud.

CHAPLIN (Ch.)

5 — *La Musique.*

Esquisse d'un plafond : des figures formant deux groupes et jouant de divers instruments.

Signé à droite, en bas, du timbre de la vente.

Toile de forme ovale. Haut., 39 cent.; larg., 54 cent.

CHARLEMONT

6 — *La Femme en rose.*

Panneau. Haut., 47 cent.; larg., 37 cent. 1/2.

CHARLET (P.)

7 — *La Plage, à Ostende.*

Signé à gauche, en bas : *Charlet.*

Toile. Haut., 32 cent.; larg., 40 cent.

CHINTREUIL

8 — *Matinée.*

Un pli de terrain aux gazons verdoyants. Au fond, de l'autre côté d'une rivière, un bois tout enveloppé des brumes du matin. Dans le ciel, le soleil, qui se lève, allume de blondes clartés.

Signé à gauche, en bas : *Chintreuil.*

Toile. Haut., 26 cent.; larg., 32 cent.

CHINTREUIL

9 — *Ciel d'orage sur la vallée.*

Toile. Haut., 23 cent.; larg., 38 cent.

COROT

10 — *Temple de Pæstum.*

Entre la colonnade du temple de Neptune, on aperçoit la campagne et la mer.

Au dos du cadre, on lit cette note :

« Pæstum, ancienne ville de l'Italie méridionale, sur une baie de la mer Tyrrhénienne, appelée Sinus Pæstonus, aujourd'hui golfe de Salerne. Son emplacement, appelé Pesto, sur une plaine déserte, près du rivage de la mer, est couvert de ruines magnifiques. Les principaux restes sont ceux de deux temples, qui comptent parmi les plus importants spécimens de l'architecture dorique existant encore de nos jours. Le plus grand, connu sous le nom de temple de Neptune, est à ciel ouvert. L'autre était consacré à Vesta ou à Cérès. »

Toile. Haut., 66 cent.; larg., 82 cent.

COROT

11 — *Femme en robe blanche.*

Elle est assise, vue à mi-corps, de profil à droite, corsage décolleté, épaule droite découverte. Les cheveux noirs sont relevés en chignon.

Signé à gauche, vers le bas : *Corot, 65.*

Toile. Haut., 29 cent.; larg., 23 cent.

COROT

12 — *Le Vieil Hermite.*

La tête apparaît, nez puissant, barbe blanche, dans l'encadrement de la capuche de bure.

Corot avait donné ce portrait à Diaz, parce qu'il lui ressemblait.

Toile. Haut., 28 cent; larg., 25 cent.

COURBET (G.)

13 — *Les Grottes aux sources de la Loue.*

Tout un amoncellement de pierres; des murailles que le geste cosmique a dressées là et qui, depuis des siècles, semblent près de crouler; des voûtes qui s'arrondissent au-dessus de l'eau, et l'eau qui, tel un miroir, envoie des reflets jusqu'aux voûtes.

Aux premiers plans, des pierres éparses comme des débris, des pierres autour desquelles le courant fait blanchir de l'écume.

Signé à gauche, en bas.

Toile. Haut., 1 m. 03; larg., 1 m. 30.

COURBET (G.)

14 — *Les Ramasseuses de moules.*

A gauche, la plage aux premiers plans ; puis, la mer, qui se retire. Dans les flaques d'eau, les pêcheuses ramassent des moules.

Au fond, de l'autre côté d'un banc de sable, on aperçoit des voiliers. Dans le ciel, en partie caché par des nuées grises, une claire lumière s'éveille au-devant de l'azur.

Signé à gauche, en bas.

Toile. Haut., 64 cent. ; larg., 80 cent.

COURBET (G.)

15 — *La Vague.*

Sous un ciel d'orage, l'Océan est secoué. Aux premiers plans, une lame de fond soulève le flot gigantesque, force immense, avec des souplesses de grâce. Et ce ne sont que des éclaboussures d'écume, comme des fleurs épanouies, à la surface agitée.

Au fond, à droite, un sloop de pêche.

Signé à gauche, en bas : *G. Courbet.*

Toile. Haut., 65 cent. ; larg., 80 cent.

COURBET (G.)

16 — *Coucher de soleil sur la vallée.*

La vallée commence à s'envelopper d'ombre.

Au fond, la chaine des collines toutes nimbées de lumière. Puis, dans le ciel, que traversent d'amples nuées grises, la splendeur féerique du soleil déjà enfoncé derrière l'horizon, mais enflammant l'atmosphère de reflets d'or.

Signé à gauche, en bas : *G. Courbet.*

Toile. Haut., 33 cent. 1/2 ; larg., 47 cent. 1/2.

COURBET (G.)

17 — *Le Moulin.*

Au bas des roches, couvertes de mousses et de bruyère, le vieux moulin à eau est abrité. Une lumière blonde vient courir sur la toiture de tuiles rouges.

A droite, on aperçoit le torrent ; à gauche, un massif d'arbres, derrière lequel coule l'eau.

Signé à droite, en bas : *G. Courbet.*

Toile. Haut., 77 cent.; larg., 1 mètre.

COURBET (G.)

18 — *Portrait du sculpteur Lebœuf.*

Il est vu jusqu'à mi-corps, la tête légèrement penchée vers la droite. Il a les cheveux et la barbe bruns ; le masque est d'un bel accent vigoureux. Le torse est vêtu de flanelle rouge.

Signé à gauche, en bas : *Gustave Courbet.*

Toile. Haut., 65 cent.; larg., 49 cent.

COURBET (G.)

19 — *Roche au bord de la mer.*

La roche, au faite de laquelle pendent des mousses humides, dresse sa masse brutale sur le fond du ciel clair, où les notes d'azur se mêlent aux nuées blondes. Autour de la roche, la plage toute marquée de flaques; puis, la mer calme.

Signé à gauche, en bas.

Toile. Haut., 64 cent.; larg., 79 cent.

COURBET (G.)

20 — *La Source de la Loue.*

Sous un dôme de roches, la source, au milieu, jaillit en cascades.

A droite et à gauche, les pierres disparaissent sous des frondaisons dorées par l'automne.

Signé à gauche, en bas : *G. Courbet.*

Toile. Haut., 63 cent.; larg., 81 cent.

COURBET (G.)

21 — *Le Calme.*

Au-dessus de la plage, d'où la mer calme se retire, le ciel plane tout paré d'azur et de beaux nuages lumineux.

Signé à gauche, en bas.

Toile. Haut., 65 cent; larg., 80 cent.

COURBET (G.)

22 — *Soleil couchant sur la plage, marée basse.*

Le sable de la plage; des flaques qui réfléchissent l'azur mouvementé du ciel; une ligne sombre qui s'éclaire au large et tourne à l'horizon bleuté par l'atmosphère : c'est la mer.

Signé à gauche, en bas : *G. Courbet.*

Toile. Haut., 58 cent.; larg., 63 cent.

COURBET (G.)

23 — *Les Roches dans la forêt.*

A gauche, les roches que le soleil éclaire.

A droite, une mare qui frissonne sous les grands arbres. Au milieu, sur la verdure, deux chevreuils, l'un debout, l'autre couché.

Signé à gauche, en bas : *G. Courbet.*

Toile. Haut., 50 cent.; larg., 61 cent.

COURBET (G.)

24 — *La Marée montante.*

La plage que le flot envahit peu à peu. Sur l'horizon, des voiliers qui passent; dans le ciel chaud, de belles clartés blondes, puis de l'azur et de l'infini.

Signé à gauche, en bas.

Toile. Haut., 58 cent.; larg., 71 cent.

COURBET (G.)

25 — *La Roche à Bayard, à Dinan (Belgique).*

La roche se dresse sous le ciel bleu. A gauche, le fleuve. A droite, abrité par les masses lithiques, les vieilles maisons dont le soleil vient blondir les façades.

Signé à droite, en bas : *G. Courbet.*

Toile. Haut., 57 cent.; larg., 46 cent.

COURBET (G.)

26 — *Paresseuse.*

Elle est couchée, la tête vue de face, les yeux à demi-clos. Des feuilles se mêlent à ses cheveux châtain clair.

Signé à gauche, en bas, des initiales.

Toile. Haut., 35 cent. ; larg., 42 cent.

COURBET (G.)

27 — *Les Roches dans la forêt de Fontainebleau.*

Signé à droite, en bas : *G. Courbet.*

Toile. Haut., 73 cent.; larg., 59 cent.

COURBET (G.)

28 — *Le Sentier sous bois.*

Signé à gauche, en bas : *G. Courbet.*

Toile. Haut., 78 cent.; larg., 65 cent.

COURBET (G.)

29 — *Le Chasseur dans la vallée.*

Signé à gauche, en bas : *G. Courbet.*

Toile. Haut., 54 cent.; larg., 45 cent.

COURBET (G.)

30 — *Tête de femme.*

Signé à gauche, en bas: *G. Courbet.*

Toile. Haut., 40 cent.; larg., 31 cent.

COURBET (G.)

31 — *La Cour des proscrits, à Vevey.*

Signé à gauche : *G. Courbet.*

Toile. Haut., 45 cent.; larg., 55 cent.

COURBET (G.)

32 — *Gros temps sur la mer.*

Signé à gauche, en bas.

Toile. Haut., 44 cent.; larg., 54 cent.

COURBET (G.)

33 — *Les Roches, à Ornans.*

Signé à gauche, en bas : *G. Courbet.*

Toile. Haut., 78 cent.; larg., 1 m. 15.

COURBET (G.)

34 — *La Roche de dix heures.*

Signé à droite, en bas : *G. Courbet.*

Toile. Haut., 63 cent. ; larg., 80 cent.

COURBET (G.)

35 — *Château de Chinon.*

Signé à droite, en bas : *G. Courbet, 71.*

Toile. Haut., 66 cent. ; larg., 80 cent.

COURBET (G.)

36 — *Paysanne endormie.*

Signé à gauche, en bas.

Toile. Haut., 65 cent.; larg., 53 cent.

COURBET (G.)

37 — *Portrait de Chaudey.*

Toile. Haut., 58 cent.; larg., 48 cent.

COURBET (G.)

38 — *La Côte, à Ornans.*

Signé à gauche, en bas : *G. Courbet.*

Toile. Haut., 1 m. 95; larg., 1 m. 27.

COURBET (G.)

39 — *Le Pont Nahin.*

Signé à droite, en bas : *G. Courbet, 1868.*

Toile. Haut., 31 cent.; larg., 40 cent.

COURBET (G.)

40 — *Portrait d'homme.*

Signé à gauche, en bas : *G. Courbet.*

Toile. Haut., 40 cent.; larg., 32 cent.

COURBET (G.)

41 — *La Mare au creux de la vallée.*

Signé à gauche, en bas : *G. Courbet.*

Toile. Haut., 82 cent.; larg., 65 cent.

COURBET (G.)

42 — *Chemin dans la forêt de Fontainebleau.*

Signé à gauche, en bas.

Toile. Haut., 50 cent.; larg., 60 cent.

COUTURE (Thomas)

43 — *Tête de jeune garçon.*

Signé à gauche, en bas : *T. C.*

Toile. Haut., 37 cent.; larg., 30 cent.

DARMAND (J.-M.)

44 — *Le Vieux fumeur.*

Signé à droite, en bas : *J. M. Darmand.*

Toile. Haut., 87 cent.; larg., 54 cent.

DAUBIGNY

45 — *Saint Jérôme.*

Au creux de la vallée, près du torrent qui coule entre les roches abruptes, saint Jérôme est agenouillé, en extase devant la croix, faite de deux branches de bois mort. Devant lui, sur une pierre, son missel est ouvert. Au-dessus des montagnes, le ciel plane, marqué de larges nuées sombres.

Salon de 1840 (premier Salon de Daubigny).

Ce tableau a été gravé par Daubigny lui-même pour *l'Artiste*.

Signé à droite, en bas : *C^les^ Daubigny, 1840*.

Toile. Haut., 1 m. 65; larg., 1 m. 90.

DAUBIGNY

46 — *Soleil couchant sur la mer.*

La mer calme, et, sur l'horizon empourpré, le disque de feu qui décline, allumant au ciel le caprice tonitruant de sa féerie quotidienne.

Le tableau porte au dos une attestation de M. Guilland, petit-fils de Daubigny.

Esquisse qui a servi pour le grand tableau.

Panneau. Haut., 23 cent.; larg., 43 cent.

DAUBIGNY

47 — *Le Chemin au pied de la colline.*

Signé à droite, en bas : *Daubigny*.

Panneau. Haut., 25 cent. 1/2; larg., 41 cent.

DAUBIGNY

48 — *Marine.*

Toile. Haut., 56 cent.; larg., 1 mètre.

DAUBIGNY

49 — *La Plage à marée haute, par un ciel pluvieux.*

Toile. Haut., 48 cent.; larg., 73 cent.

DAUBIGNY

50 — *Portrait d'homme.*

Toile. Haut., 47 cent. 1/2; larg., 41 cent.

DAUBIGNY (Karl)

51 — *Les Ramasseurs de varech.*

Signé à gauche, en bas : *Karl Daubigny.*

Panneau. Haut., 29 cent. 1/2; larg., 44 cent. 1/2.

DE GROUX père

52 — *Victime !*

Au bas d'un talus, une femme, la poitrine sanglante, les mains attachées; autour d'elle, le peuple s'empresse avec des gestes de pitié et d'effroi. Au fond, la campagne vallonnée : vers la gauche, une cheminée de mine.

Signé à droite, en bas : *D. G.*

Toile. Haut., 27 cent.; larg., 44 cent. 1/2.

DIAZ

53 — *Fleurs et fruits.*

Toile. Haut., 65 cent.; larg., 54 cent.

DIAZ (Émile)

54 — *Cascade dans la forêt.*

Panneau. Haut., 31 cent. 1/2; larg., 42 cent.

DORÉ (Gustave)

55 — *La Jeune femme au fichu blanc.*

Elle est assise dans un paysage clair, le visage apparaissant dans l'ombre; elle est vêtue d'une robe noire, garnie de dentelle blanche, d'un châle Marie-Antoinette blanc. Les cheveux blonds sont coiffés d'un chapeau à plume noire.

De sa main droite relevée, elle tient un éventail.

Signé à gauche, en bas : *Gve Doré.*

Toile. Haut., 1 m. 30; larg., 95 cent.

DORÉ (Gustave)

56 — *La Défense de Paris.*

Près d'une porte close, les blessés et les morts sont accumulés autour d'une figure ailée, couronnée de lauriers et défendant de ses deux mains frémissantes le drapeau national.

Signé à gauche, en bas : *Gve Doré.*

Peinture en grisaille.

Provient de la vente de l'atelier de l'artiste.

Toile. Haut., 1 m. 95; larg., 1 m. 30.

DUBOIS-PILLET

57 — *Notre-Dame, vue du quai Saint-Michel; effet de brouillard.*

Signé à gauche, en bas.

Panneau. Haut., 22 cent.; larg., 18 cent. 1/2.

DUPRÉ (J.)

58 — *Le Chemin dans la forêt.*

Le chemin tourne dans la forêt; à droite et à gauche, les grands massifs se dressent, les troncs d'arbres aux écorces luisantes émergeant des fougères épaisses. Les branches laissent passer des rayons de soleil, qui s'inscrivent sur le sol en une caresse blonde.

A gauche et à droite, dans le haut, on aperçoit des pans de ciel bleu.

Signé à gauche, en bas : *J. Dupré.*

Panneau. Haut., 26 cent.; larg., 46 cent.

FOURMOY

59 — *L'Automne.*

Panneau. Haut., 35 cent.; larg., 27 cent.

FOURMOY

60 — *Pêcheur au bord d'un étang.*

Signé à droite, en bas.

Panneau. Haut., 27 cent.; larg., 35 cent.

FOURMOY

61 — *L'Étang.*

Toile. Haut., 28 cent. 1/2; larg., 35 cent.

FRIANT (G.)

62 — *Le Vésuve.*

La campagne vallonnée ; à gauche, une maisonnette ; au fond, la montagne sous un ciel bleu.

Signé à gauche, en bas : *Friant, Naples, 87.*

Toile. Haut., 36 cent. 1/2; larg., 53 cent. 1/2.

GARRIDO (A.-L.)

63 — *Carmencita.*

Elle est assise, sa silhouette coquette se détachant sur un fond de tentures rouges. Un peigne retient à ses cheveux cendrés une mantille de dentelle blanche. Elle est vêtue d'une robe de satin rouge à nœuds de velours noir et d'un corsage largement ouvert de velours noir brodé. De sa main droite, elle gratte les cordes d'une guitare, tandis qu'un sourire mutin erre sur sa lèvre.

Signé à droite, en haut : *A. L. Garrido.*

Toile. Haut., 1 m. 13; larg., 83 cent.

GARRIDO (A.-L.)

64 — *Coquette.*

Signé à droite, en haut : *L. Garrido.*

Toile. Haut., 65 cent.; larg., 54 cent.

GOERNER

65 — *Vision.*

Signé à gauche, en bas.

Toile. Haut., 54 cent.; larg., 94 cent.

GUILLAUMIN

66 — *Saint-Chéron, 1er jour d'avril 1893.*

Les pommiers sont en fleurs, les rayons de soleil dorent les toitures des maisonnettes. Le ciel est bleu, avec de grands nuages blancs.

Signé à droite, en bas : *Guillaumin.*

Toile. Haut., 64 cent.; larg., 80 cent.

HERVIER

67 — *Le Village au bord de la rivière,*

La rivière coule, réfléchissant dans ses eaux grises les murs tassés des vieilles maisons et le ciel bleu, où passent des nuages blancs. Au milieu, sous un toit de chaume, une femme agenouillée est en train de laver son linge.

Des clartés douces glissent sur les murs au crépis crevassé, s'accrochent aux petites fenêtres et glissent sur les toitures de tuiles, dont un long usage a éteint la couleur.

Signé à droite, vers le bas : *F. Hervier.*

Panneau. Haut., 29 cent.; larg., 41 cent. 1/2.

HUGUET

68 — *A l'Entrée du bois.*

A l'entrée d'un bois, deux chevaux de selle, vus de profil à droite, l'un noir, l'autre blanc.

Signé à gauche, en bas.

Panneau. Haut., 32 cent.; larg., 23 cent. 1/2.

INNOCENTI

69 — *L'Heureuse famille.*

Esquisse.

Signé à droite. en bas.

Panneau. Haut., 10 cent. 1/2; larg., 18 cent.

JACQUE (Charles)

70 — *L'Agneau blessé.*

Signé à gauche, en bas : *Ch. Jacque.*

Toile. Haut., 37 cent.; larg., 30 cent.

KNYFF

71 — *La Marée montante.*

A droite, les falaises ; au premier plan, la plage contre laquelle les vagues viennent déferler sous la lumière dorée qui tombe du ciel.

Signé à droite, en bas : *Knyff.*

Toile. Haut., 62 cent.; larg., 81 cent.

KÜHSTCH (P.)

72 — *Les Morutiers au large.*

Signé à droite, en bas.

Toile. Haut., 54 cent.; larg., 90 cent.

LA ROCHENOIRE

73 — *Mer calme.*

Les bateaux ont été peints par Troyon.

Signé à droite, en bas : *La Rochenoire.*

Toile. Haut., 42 cent.; larg., 75 cent.

LA ROCHENOIRE

74 — *Pleine mer.*

Passage du steamer de Honfleur à Southampton.

Signé à droite, en bas.

Toile. Haut., 47 cent.; larg., 66 cent. 1/2.

LA ROCHENOIRE

75 — *Les Sloops de pêche par une mer calme.*

Signé à gauche, en bas : *La Rochenoire.*

Toile. Haut., 36 cent.; larg., 55 cent. 1/2.

LAZERGE (Paul)

76 — *La Boutique du potier, à Alger.*

Signé à droite, en bas : *Paul Lazerge, 1880.*

Panneau. Haut., 42 cent.; larg., 27 cent.

LEGENDRE

77 — *La Seine, devant la grande route de Rueil.*

Signé à droite, en bas.

Toile. Haut., 46 cent.; larg., 56 cent.

LEGENDRE

78 — *La Seine, à Bougival.*

Signé à gauche, en bas : *Le Gendre.*

Carton. Haut., 30 cent. 1/2; larg., 58 cent.

LUMINAIS

79 — *L'Amérique.*

Partie de la coupole décorative de la Bourse du Commerce de Paris.

Esquisse sur un panneau concave.

Haut., 54 cent. 1/2; larg., 1 m. 40.

MANET

80 — *Le Balcon.*

Deux jeunes femmes en blanc, derrière un balcon peint en vert; l'une est assise, la tête tournée de face; l'autre est debout, à droite, en train de se ganter et portant une ombrelle sur son bras gauche. Derrière elles, debout, un homme se tient, fumant une cigarette; il est vêtu de noir et porte une cravate bleue sur le plastron de sa chemise blanche.

Dans le fond, on aperçoit une quatrième figure.

Esquisse du tableau du Luxembourg (legs Caillebotte).

Signé à gauche, en bas : *E. Manet.*

Panneau. Haut., 37 cent.; larg., 30 cent.

N° 109 du Catalogue de Théodore Duret.

Manet. E.

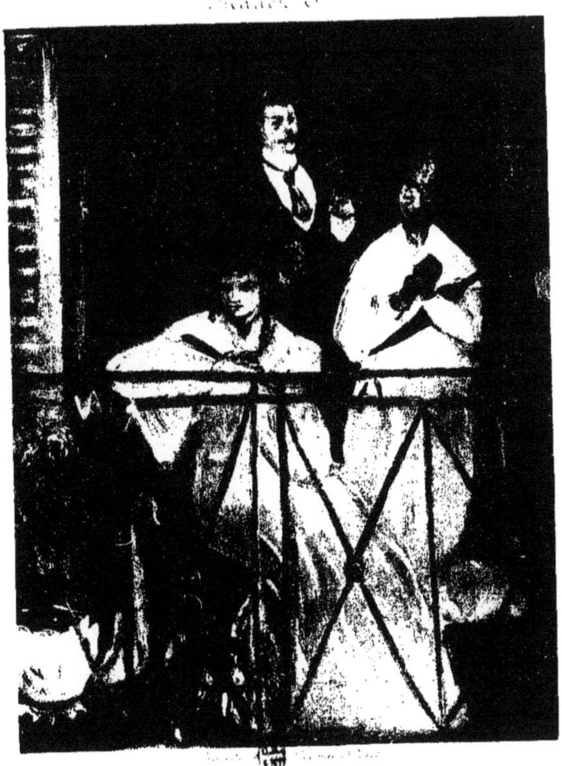

Le Balcon

MANET

81 — *Un Citron sur une assiette de faïence.*

Signé à droite, en bas : *E. Manet.*

Toile. Haut., 14 cent. 12; larg., 21 cent.

N° 315 du Catalogue de Théodore Duret.

MILLET fils (F.)

82 — *Le Pommier en fleurs.*

Des moutons sont en train de paître dans un pré, autour d'un pommier en fleurs.

Signé à droite, en bas : *F. Millet fils.*

Toile. Haut., 32 cent.; larg., 41 cent.

MONGINOT

83 — *Nature morte.*

Sur un fond de feuillage, tout un amoncellement de fruits : grenades, pommes, pêches, raisins, coings, oranges, melons, citrons.

Signé à droite, en bas.

Toile. Haut., 95 cent.; larg., 1 m. 27.

MONGINOT

84 — *Pommes et prunes.*

Signé à droite, en bas : *C. Monginot.*

Panneau. Haut., 32 cent.; larg., 41 cent.

MONTICELLI

85 — *Femmes dans un parc.*

Au pied de grands arbres qui les enveloppent d'ombre, sans empêcher cependant le soleil de venir jouer sur le satin de leurs vêtements, elles sont assises et causent, tout en arrangeant des fleurs qu'elles viennent de cueillir. L'une, à gauche, effeuille une pâquerette, pour les divinations sentimentales. Les quatre autres sont affairées aux bouquets qu'elles improvisent, et ce sont de délicieuses figures, des profils expressifs, dans un enchantement de couleurs, des jaunes, des rouges, des ponceau, des orangé, qui s'harmonisent sur un fond que l'on dirait émaillé : simple expression réelle, qui se hausse jusqu'au rêve.

Signé à gauche, en bas : *Monticelli.*

Panneau. Haut., 18 cent.; larg., 23 cent.

DE NITTIS

86 — *Le Toit de chaume.*

Panneau. Haut., 13 cent.; larg., 21 cent. 1/2.

DE NITTIS

87 — *Le Chemin à travers le bois.*

Panneau. Haut., 21 cent. 1/2; larg., 13 cent.

PALIZZI

88 — *En Forêt.*

Le sol, marqué de touffes de bruyères et de grands arbres; au milieu, deux bûcherons au travail.

Vers la droite, en haut, un coin de ciel bleu.

Signé à droite, en bas, du timbre de la vente.

Toile. Haut., 40 cent.; larg., 55 cent.

PALIZZI

89 — *Paysage.*

Carton. Haut., 46 cent.; larg., 34 cent. 1/2.

PELEZ (F.)

90 — *Le Petit pâtre.*

Un pâtre, qu'eût chanté Théocrite ou Virgile. Il est nu, assis sur une peau de mouton, en face de la mer, et joue de la flûte.

Signé à droite, en bas : *F. Pelez (76).*

Toile. Haut., 51 cent.; larg., 31 cent.

PENNE (O. de)

91 — *Le Terre-neuve.*

Signé à gauche, en bas : *O. de Penne.*

Panneau. Haut., 33 cent.; larg., 24 cent. 1/2.

PICARD

92 — *La Femme aux iris (Mlle Cécile Thévenet, de l'Opéra-Comique).*

Toile. Haut., 54 cent.; larg., 64 cent.

PICARD

93 — *La Femme aux papillons (Mlle Cécile Thévenet).*

Toile. Haut., 54 cent.; larg., 64 cent.

PICARD

94 — *La Méduse (Mlle Cécile Thévenet, de l'Opéra-Comique).*

Toile. Haut., 54 cent.; larg., 64 cent.

RIBOT

95 — *La Femme à la capeline.*

La figure apparaît de trois quarts à gauche, presque de face, protégée par une mentonnière; la tête est coiffée d'une capeline brune, galonnée de rouge.

Signé à droite : *T. Ribot.*

Toile. Haut., 40 cent. 1/2; larg., 32 cent.

RIBOT

96 — *Le Vieux loup de mer.*

Vu de face et vu de profil.

Toile. Haut., 62 cent.; larg., 59 cent

RIVEY

97 — *Portrait de femme.*

Toile. Haut., 82 cent.; larg., 66 cent.

ROBERT-FLEURY

98 — *Calvin.*

Il est seul, assis près d'une table, de profil à droite. Il est vêtu d'une robe noire à simarres de satin de même couleur. Il songe, sa plume levée. Le livre des Saintes-Écritures est ouvert à côté de lui; sur sa table, une flûte et un livre fermé; sur le plancher, un gantelet de fer, et, au fond, sur une pile de livres, un casque. A droite, un pupitre. Au dossier du fauteuil, une épée.

Signé à gauche, en bas.

Toile. Haut., 94 cent.; larg., 51 cent.

ROUSSEAU (Philippe)

99 — *Lendemain de chasse.*

Dans la cuisine, sur la table et contre un poteau, voici des lapins et des lièvres; sur la table, quelques natures mortes : un coquemart, une cruche, un gobelet, une bouteille, un livre et des oignons.

Signé sur le bandeau de table, en bas, à gauche.

Toile. Haut., 1 m. 14; larg., 85 cent. 1/2.

ROUSSEAU (Philippe)

100 — *Prunes.*

Sur un paillasson, des prunes noires; à gauche, deux fleurs dans un verre.

Signé à droite, en bas : *Ph. Rousseau.*

Panneau. Haut., 26 cent. 1/2; larg., 36 cent.

ROYBET

101 — *Le Fou.*

Il est vêtu de rouge, coiffé de rouge avec des plumes de paon et des grelots; dans la courbe de son torse, penché sur un coffre garni de tapisserie, on devine la difformité de son anatomie; sa tête, d'une gaîté douloureuse, est expressive; une barbe noire encadre son visage. Il explique à un personnage qu'on ne voit pas l'énigme des tarots, dont les cartons sont étalés sous ses yeux. Au fond, une tenture de tapisserie.

Signé à gauche, en bas : *Roybet.*

Ce tableau doit être de 1863.

Toile. Haut., 41 cent.; larg., 34 cent.

SAISSAUD

102 — *Le Village.*

Toile. Haut., 80 cent.; larg., 1 m. 15.

Stevens Alfred

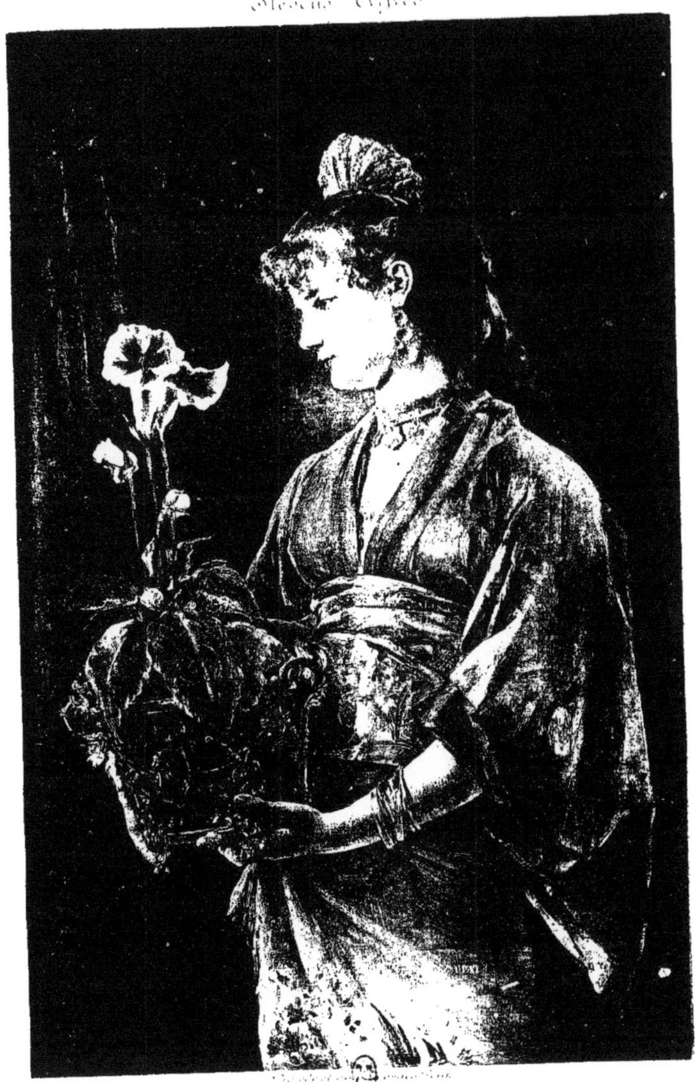

Japonaise

STEVENS (Alfred)

103 — *Yamatori.*

Une jeune femme debout, vue jusqu'à mi-jambes, en costume japonais. La tête est tournée de profil à gauche ; un peigne d'or et d'émail retient ses cheveux roux, dont les boucles tombent sur le dos. Elle tient de ses deux mains une jardinière à monture de bronze, garnie d'une plante exotique.

Signé à gauche, en bas : *Alfred Stevens.*

Toile. Haut., 1 m. 20; larg., 77 cent.

STEVENS (Alfred)

104 — *L'Attente.*

Debout sur une terrasse, une jeune fille vêtue d'un costume violet à volants noirs. Elle tient de sa main gauche deux roses qu'elle vient de cueillir; sa main droite pose sur un gant, dont la note s'accentue sur une draperie dont est couverte la balustrade. L'autre gant est tombé à terre. Près de la jeune fille, un chien griffon blanc est assis sur son arrière-train. Au fond, la mer avec quelques voiles.

Signé à gauche, en bas : *A. Stevens.*

Toile. Haut., 82 cent.; larg., 65 cent.

STEVENS (Alfred)

105 — *Rêverie au clair de la lune.*

Assise au bord de la terrasse qui domine la mer, la jeune fille attend, seule; elle rêve au milieu des fleurs qui montent vers elle et mettent des larmes de sang ou de lumière sur sa robe blanche.

Signé à droite, en bas : *A. Stevens.*

Panneau. Haut., 40 cent.; larg., 27 cent.

STEVENS (Alfred)

106 — *La Lettre.*

Elle est assise, vue jusqu'à mi-corps, la tête de trois quarts à droite et penchée en arrière. Elle est vêtue d'un peignoir bleu de ciel; une draperie jaune est jetée sur le dossier de son siège. Ses cheveux roux, haut relevés en chignon, sont retenus par un peigne de métal à décor d'émail. De sa main droite, elle tient une lettre qu'elle lit avec un sourire. Un fichu blanc est noué autour de son cou et retenu par une rose.

Signé à droite, en haut : *A. Stevens.*

Panneau. Haut., 65 cent.; larg., 50 cent.

STEVENS (Alfred)

107 — *Le Passage du train.*

C'est le soir, le soleil empourpre le ciel à l'horizon, et les gens de la petite ville, pour se distraire, s'appuyent contre le parapet et regardent passer un train.

Signé à droite, en bas : *A. Stevens.*

Panneau. Haut., 49 cent.; larg., 63 cent. 1/2.

STEVENS (Alfred)

108 — *La Jeune femme à l'ombrelle rouge au bord de la mer.*

Signé à gauche, en bas : *A. Stevens.*

Toile. Haut., 95 cent.; larg., 63 cent.

STEVENS (Alfred)

109 — *Effet de neige, à la mer.*

La mer bleue, le ciel gris, la plage couverte de neige, où les pattes des mouettes inscrivent des sillons.

Signé à droite, en bas : *A. Stevens.*

Toile. Haut., 82 cent.; larg., 65 cent.

STEVENS (Alfred)

110 — *Monte-Carlo, temps pluvieux.*

Plus haut que les villas, le nuage passe au-devant de la montagne.

Signé à gauche, en bas : *A. Stevens (Monte-Carlo).*

Panneau. Haut., 32 cent.; larg., 42 cent.

STEVENS (Alfred)

111 — *Embarcadère à marée montante.*

Signé à droite, en bas : *A. Stevens.*

Panneau. Haut., 33 cent.; larg., 34 cent.

STEVENS (Alfred)

112 — *Effet d'orage, à Honfleur.*

Signé à gauche, en bas : *A. Stevens.*

Toile. Haut., 67 cent.; larg., 80 cent.

STEVENS (Alfred)

113 — *Beau temps, à Biarritz.*

Signé à gauche, en bas : *A. Stevens, 92.*

Toile. Haut., 82 cent.; larg., 63 cent.

STEVENS (Alfred)

114 — *La Nuit en mer.*

Signé à gauche, en bas : *A. Stevens.*

Toile. Haut., 73 cent.; larg., 60 cent.

STEVENS (Alfred)

115 — *Lever de soleil, à Sainte-Adresse.*

Signé à gauche, en bas : *A. Stevens, 1892.*

Toile. Haut., 80 cent.; larg., 62 cent.

STEVENS (Alfred)

116 — *Le Cap Martin.*

Signé à gauche, en bas : *A. Stevens, Monte-Carlo.*

Toile. Haut., 55 cent.; larg., 81 cent.

STEVENS (Alfred)

117 — *Monto-Carlo.*

Signé à gauche, en bas : *A. S.*

Panneau. Haut., 11 cent.; larg., 19 cent.

STEVENS (Alfred)

118 — *Les Falaises.*

Signé à droite, en bas.

Toile. Haut., 40 cent.; larg., 60 cent.

STEVENS (Alfred)

119 — *Marine.*

Signé à droite, en bas : *A. S.*

Panneau. Haut., 17 cent. 1/2 ; larg., 11 cent.

STEVENS (Alfred)

120 — *Monto-Carlo.*

Signé à droite, en bas : *A. S.*

Au dos : *Monte-Carlo, A. Stevens. Offert à Gérard père, souvenirs affectueux. A. S., 93.*

Panneau. Haut., 17 cent. 1/2; larg., 11 cent.

STEVENS (Alfred)

121 — *Marine.*

Signé à gauche, en bas.

Panneau. Haut., 11 cent.; larg., 17 cent. 1 2

STEVENS (Joseph)

122 — *Un Coin de cour de ferme.*

Au-devant d'une barrière qui ferme la cour de ferme, les poules, blanches, noires, rousses, sont assemblées et digèrent. A gauche, le coq, vu de dos, lisse ses plumes. Au milieu, les pattes dans une auge, une poule blanche jette vers un ciel d'été ensoleillé son cri strident.

Signé à droite, en bas : *J. Stevens.*

Toile. Haut., 38 cent.; larg., 46 cent.

STEVENS (Joseph)

123 — *Jour de fête.*

A gauche, au fond, des pots de fleurs ; du même côté, au premier plan, un compliment roulé, entouré d'une faveur bleue et portant cette date : *15 août 1865.* A droite, un bouquet dans sa collerette de papier blanc. Au milieu, faisant le beau, un petit griffon au poil fauve, tenant lui-même son bouquet de fleurs.

Signé à gauche, en bas : *J. Stevens.*

Toile. Haut., 56 cent.; larg., 42 cent.

STEVENS (Joseph)

124 — *L'Intervention.*

On lit sur un morceau de journal, collé au dos du tableau, que cette œuvre obtint une médaille d'or à l'Exposition des Beaux-Arts de Londres (Sydney).

Signé à droite, en bas, du monogramme : *J. S.*

Panneau. Haut., 21 cent. ; larg., 31 cent.

STEVENS (Joseph)

125 — *A l'attache.*

Au bas d'un escalier, un chien griffon, assis sur son arrière-train et gardant une malle, à la poignée de laquelle sa laisse est attachée.

Signé à droite, en bas, sur la malle : *Joseph Stevens, 1840.*

Panneau. Haut., 17 cent. 1/2 ; larg., 14 cent.

STEVENS (Joseph)

126 — *La Halle à la viande.*

Au premier plan, un chien blanc, avec son harnachement de trait. Au-dessus de lui, un chat impassible; puis, plus haut encore, des quartiers de viande aperçus de l'autre côté d'un auvent.

Signé à gauche, vers le bas : *J. Stevens, 1861.*

Toile. Haut., 46 cent. ; larg., 54 cent.

STEVENS (Joseph)

127 — *Poules dans un coin de jardin.*

Signé à droite, en bas : *J. S.*

Panneau. Haut., 22 cent. 1/2 ; larg., 28 cent.

TASSAERT (Octave)

128 — *Madeleine en prière.*

A l'entrée de sa grotte, elle est tombée à genoux, sans songer qu'un voile blanc pare à peine sa nudité. Ses mains sont jointes avec passion, ses coudes se meurtrissent sur la roche ; ses cheveux blonds dénoués s'écroulent sur sa croupe. Sa tête se renverse, cherchant dans l'obscurité qui l'environne une lueur d'infini qui la console.

Et, devant elle, comme si, de ses orbites désertes, elle pouvait déchiffrer ce corps de femme au modelé frissonnant, une tête de mort grimace de ses dents serrées. Contre la roche, un livre de prières aux feuillets chiffonnés.

Au dos de la toile, le cachet de la vente.

Toile. Haut., 92 cent.; larg., 71 cent.

TROUILLEBERT

129 — *Nymphe assise au bord d'une source.*

Signé à droite, en bas : *Trouillebert.*

Toile. Haut., 99 cent.; larg., 1 m. 57.

TROUILLEBERT

130 — *Nymphe couchée.*

Signé à gauche, en bas.

Panneau. Haut., 12 cent.; larg., 22 cent.

VERLAT (C.)

131 — *Moutons surpris par un aigle.*

A droite, les moutons se pressent apeurés ; à gauche, le chien, les crocs en avant, tient en respect l'aigle, qui étreint de ses griffes la roche moussue, derrière laquelle il pensait se cacher.

Signé à droite, en bas : *C. Verlat.*

Toile. Haut., 39 cent. 1/2 ; larg., 52 cent.

VOGLER (P.)

132 — *L'Église du village.*

Signé à gauche, en bas.

Toile. Haut., 60 cent.; larg., 74 cent.

VOLLON

133 — *La Ferme.*

A droite, la plaine; à gauche, la ferme avec ses grands toits de chaume. Un ciel d'orage, chargé de nuages sombres.

Signé à gauche, en bas.

Toile. Haut., 32 cent.; larg., 46 cent.

VOLLON

134 — *Un Chat.*

Panneau. Haut., 7 cent. 1/2; larg., 10 cent.

VOLLON

135 — *Coq et poules.*

Signé à droite, en bas, du timbre de la vente.

Toile. Haut., 64 cent.; larg., 80 cent.

VOLLON

136 — *Fleurs.*

Signé à droite, en bas : *A. Vollon.*

Toile. Haut., 28 cent; larg., 36 cent. 1/2

VOLLON

137 — *Le Maître d'école.*

Panneau. Haut., 14 cent.; larg., 23 cent.

VOLLON

138 — *Nature morte.*

Toile. Haut., 22 cent.; larg., 28 cent.

WILDER

139 — *Falaise à Saint-Jean-du-Doigt.*

Signé à droite, en bas : *A. Wilder, 1900.*

Toile. Haut., 64 cent.; larg., 79 cent.

WILDER

140 — *Le Matin au bord de la rivière.*

Signé à gauche, en bas : *A. Wilder, 1901.*

Toile. Haut., 65 cent.; larg., 79 cent.

WILDER

141 — *Vague à Saint-Lunaire.*

Signé à droite, en bas : *A. Wilder, 1900.*

Toile. Haut., 60 cent.; larg., 79 cent..

WILDER

142 — *Barque le soir, dans la Rance.*

Signé à droite, en bas : *Wilder, 1900.*

Toile. Haut., 65 cent.; larg., 80 cent.

WILDER

143 — *Péniche, à Janville (Oise).*

Signé à droite, en bas : *A. Wilder, 1900.*

Toile. Haut., 60 cent.; larg., 79 cent.

WILDER

144 — *Bateaux de pêche.*

Signé à gauche, en bas : *Wilder, 1901.*

Toile. Haut., 65 cent.; larg., 80 cent.

WILDER

145 — *La Rivière, fin d'été.*

Signé à droite, en bas : *A. Wilder, 1901.*

Haut., 60 cent.; larg., 61 cent.

WILDER

146 — *Vallée de Saint-Jean-du-Doigt, le soir.*

Signé à gauche, en bas : *Wilder, 1901.*

Toile. Haut., 60 cent.; larg., 79 cent.

WILLEMS

147 — *La Salle d'attente du château.*

Signé à droite, en bas : *F. Willems.*

Panneau. Haut., 42 cent.; larg., 32 cent.

ZIEM

148 — *Venise, le soir.*

A gauche, la ville, avec ses dômes, ses clochers; à droite, le Grand Canal que traverse une gondole.

Au fond, à droite, les bateaux du port, amarrés. La lune apparaît dans l'ombre des nuages, et voici qu'à la surface de l'eau frissonnante s'allume toute une féerie de reflets.

Signé à droite, en bas : *Ziem*, avec cette dédicace : *A Monsieur Chaplin.*

Panneau. Haut., 47 cent.; larg., 63 cent.

ZIEM

149 — *Portrait d'Auguste Aiguier.*

Au dos : *Portrait d'Auguste Aiguier, peint en 1843, offert par Ziem en souvenir de nos bonnes relations. Paris, le 1er février 1860.*

Papier. Haut., 13 cent.; larg., 15 cent. 1/2.

ZIEM

150 — *Paysage.*

Panneau. Haut., 12 cent. 1/2; larg., 18 cent. 1/2.

ZUBER-BUHLER

151 — *L'Heureuse mère.*

Signé à droite, en bas : *Zuber Buhler.*

Toile. Haut., 1 m. 30; larg., 1 m. 13.

ZUBER-BUHLER

152 — *Nonchalance.*

Signé à droite, en bas : *Zuber Buhler.*

Toile. Haut., 74 cent.; larg., 94 cent.

ZUBER-BUHLER

153 — *Fillette couchée au bord de l'eau.*

Signé à droite, en bas.

Toile. Haut., 74 cent.; larg., 93 cent.

ZUBER-BUHLER

154 — *Lohengrin.*

Signé à gauche, en bas : *Zuber Buhler.*

Toile. Haut., 61 cent.; larg., 38 cent.

ZUBER-BUHLER

155 — *Les Leçons du féminisme.* Diptyque.

A gauche, l'intellectuelle ; à droite, la mère de famille.

Signé en bas, à droite et à gauche.

Chaque toile mesure : haut., 74 cent. ; larg., 57 cent.

ZUBER-BUHLER

156 — *L'Album.*

Signé.

Toile. Haut., 67 cent.; larg., 54 cent.

ZUBER-BUHLER

157 — *La Tartine.*

Signé.

Toile. Haut., 67 cent.; larg., 54 cent.

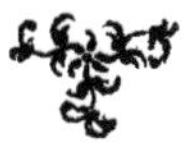

GRAVURES

MILLET

158 — *L'Homme à la houe.*

Eau-forte de Bracquemond.

Épreuve avant toute lettre sur japon.

Signé : *Bracquemond.*

MILLET

159 — *La Fin de la journée.*

Épreuve avant toute lettre sur parchemin, avec remarque.

Gravure de Léon Coutil.

SCULPTURE

PRADIER

160 — *Jupiter et Léda.*

Relief. Cire.

TABLEAUX ANCIENS

BOTH (Jean)

161 — *Le Passage du gué.*

Des bœufs franchissent un gué, dans un paysage rocheux, aux arbres enfeuillés d'automne.

Signé au milieu, en bas : *J. Both Ft.*

Panneau. Haut., 47 cent.; larg., 66 cent.

BREUGHEL (École de)

162 — *Kermesse.*

Toute la ville est en liesse; devant les édifices, les charlatans et les amuseurs de foules ont installé leurs tréteaux, et les gens se pressent devant eux. Les auberges regorgent de monde : on boit, on chante, on crie, et les mains se font bavardes sur la beauté qui passe. Les gamins se bousculent et se roulent; des couples circulent. On danse, on court, on s'esclaffe : la rivière elle-même a sa part de gaîté, avec ses barques fleuries et ses hérauts sonneurs de trompe.

Et, pour que la scène semble plus vécue, le peintre n'a même pas oublié l'imprudence, cette mauvaise fée des jours d'ivresse, qui, à droite, dans une des beuveries, allume un incendie.

Au fond, un paysage clair sous un ciel ennuagé de gris. Plus de cinq cents figures dans un cadre de ville aux monuments de brique, de pierre et de bois.

Toile. Haut., 1 m. 60; larg., 2 m. 80.

DAVID (Attribué à J.-L.)

163 — *Portrait de jeune femme.*

De face, vue jusqu'à mi-corps. Les cheveux blancs, coiffés d'un bonnet, blanc également, émergeant d'une capeline noire, le corps protégé par un manteau de soie noire à pois et garni de dentelle.

Toile. Haut., 61 cent.; larg., 49 cent.

ÉCOLE FRANÇAISE (XVIIe siècle)

164 — *Portrait d'homme debout.*

Toile. Haut., 92 cent.; larg., 75 cent.

DE MARNE

165 — *Dans un même cadre : trois études peintes de chèvres et de perdrix grises.*

Un panneau et deux toiles.

GÉRICAULT

166 — *La Folle.*

De profil à gauche; ses cheveux noirs coiffés de volumineux oripeaux, mantille bleue et chapeau rose; un châle jeté sur les épaules.

Toile. Haut., 56 cent.; larg., 42 cent. 1/2.

HÉDA

167 — *Nature morte.*

Toile. Haut., 48 cent.; larg., 39 cent.

Holbein

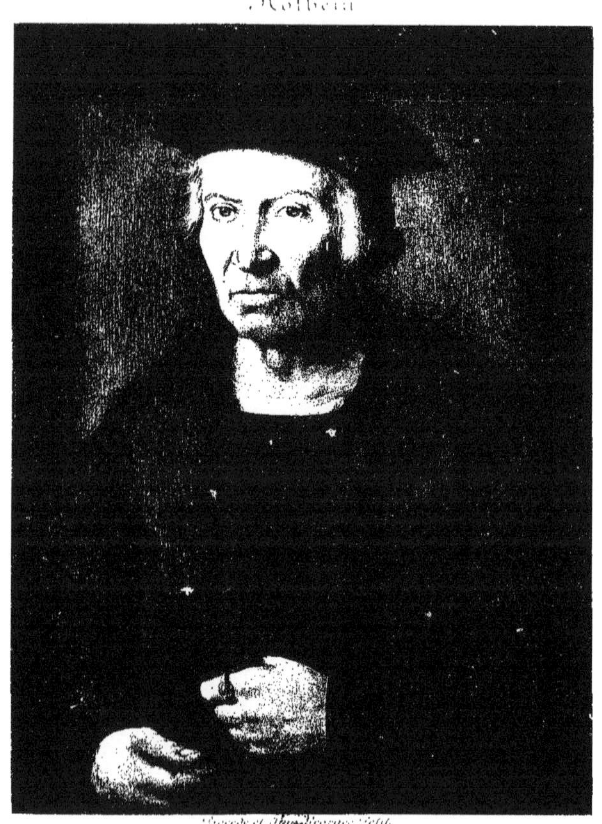

Procédé et Imp. [illegible]

Antoine Hambeler

HOLBEIN

(1498-1543)

168 — *Le seigneur Antoine Humbelot, surintendant des monnaies des Flandres, à Bruges, sous le duc de Bourgogne.*

Il est vu debout, le corps presque de face, la tête légèrement tournée de trois quarts à gauche. Il a le visage rasé, les pommettes rouges, les yeux bleus, le nez fort, les lèvres serrées et volontaires ; son justaucorps noir et son mantel à simarres de martre laissent voir son cou ridé au cartilage thyroïde saillant. Les cheveux grisonnants sont coiffés d'un bonnet de velours noir. La main gauche, les doigts fermés, un anneau d'or à chaton gemmé à l'index, engage son pouce au croisement des simarres de fourrure. La main droite, le bras ployé, tient une pièce d'or entre le pouce allongé et la phalangette de l'index.

Ce portrait est daté, à droite, en haut : *1536*.

A gauche, on lit le chiffre *64*, qui indique l'âge du personnage.

Dans une lettre qu'il écrivait au sujet de ce tableau, le grand peintre Ziem disait : « Quelle simplicité et quelle force de sentiment dans la ligne! Quelle expression vivante et forte à la fois, dans cette tête physiologiquement et psychiquement construite... » (12 octobre 1894.)

Panneau. Haut., 64 cent.; larg., 48 cent.

MIGNON (Abraham)

169 — *Le Nid.*

Signé en bas : *A. M., 1696.*

Toile. Haut., 66 cent.; larg., 85 cent

OMMEGANCK (Balthazar-Paul)

170 — *Moutons couchés dans la campagne.*

Panneau. Haut., 27 cent.; larg., 35 cent.

PANINI

171 — *Le Bûcheron.*

Panneau. Haut., 23 cent.; larg., 16 cent.

PANINI

172 — *La Lavandière.*

Panneau. Haut., 23 cent.; larg., 16 cent.

SNYDERS (François)

173 — *Discussion.*

Sur une table couverte d'un tapis rouge, une bassine déborde d'artichauts, d'asperges, de fraises dans un saladier, de citrons, de pommes, de coings, de melons, etc.

Près de la bassine, un chat apparait, œil flamboyant, oreilles baissées, qui tient en respect un chien, dont les pattes de devant agrippent un mou de veau tombé par terre. Derrière ce chien, de grande taille, un autre, plus petit, assiste prudemment de loin à la scène.

A gauche, sur un billot, une terrine contenant des pieds de mouton.

Toile. Haut., 1 m. 55 ; larg., 1 m. 25.

TAUNAY (Nicolas-Antoine)

174 — *Le Vengeur.*

Le Vengeur sombrant, la phalange héroïque s'engloutit en criant : « Vive la République ! »

Toile. Haut., 1 m. 27 ; larg., 1 m. 13

TAUNAY

175 — *Portrait présumé de la famille Lafayette, en Amérique.*

Toile. Haut., 1 mètre; larg., 81 cent.

PESCHIER (N.-L.)

176 — *La « Fin ».*

Des perdrix tuées, une malle éventrée, un violon sans cordes, une lanterne éteinte, des feuilles au cachet de cire, portant les mots qui restent et des idées qui s'effacent. Un globe céleste qui parle d'infini, un crâne qui marque le terme des humaines évolutions. Et, semblant regarder tant de débris muets, à gauche, au mur, une tête d'homme casquée, vivant sur une feuille fragile d'estampes.

Signé en haut, vers la gauche : *N.-L. Peschier fecit, 1661.*

Toile. Haut., 86 cent. ; larg., 1 mètre.

VALLIN

177 — *La Nymphe surprise.*

Elle est assise sur une roche, près d'une source, cachant d'un geste pudique, de ses mains, les secrètes harmonies de sa beauté nue.

Toile. Haut., 1 m. 28 ; larg., 98 cent.

VERNET (Attribué à Horace)

178 — *Portrait d'homme.*

Toile. Haut., 54 cent.; larg., 45 cent.

WYNANTS (Jan)

179 — *L'Arbre abattu au bord du chemin.*

A gauche, deux vaches en train de paitre. A droite, le tronc d'arbre abattu, puis le chemin qui tourne et que suit une charrette.

Panneau. Haut., 32 cent. ; larg., 37 cent. 1/2.

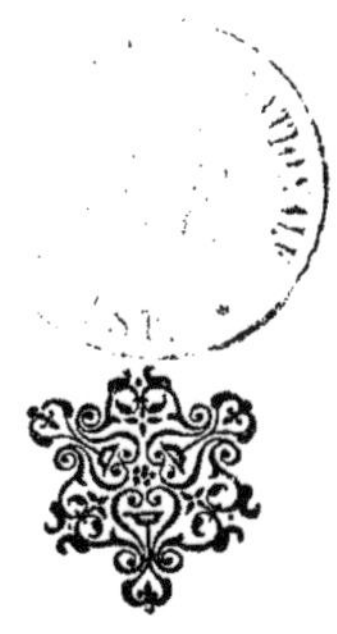

www.ingramcontent.com/pod-product-compliance
Ingram Content Group UK Ltd.
Pitfield, Milton Keynes, MK11 3LW, UK
UKHW020413180726
13839UKWH00003B/1311